MOYEN A EMPLOYER

POUR LA DESTRUCTION GÉNÉRALE

DES LOUPS EN EUROPE.

Societatis europeæ tormentum est lupus.

RÉUNION ET COOPÉRATION DU CIVIL AVEC LA FORCE
ACTIVE DU SERVICE PUBLIC DE LA LOUVETERIE;

Par M. DE MAILLET,

ANCIEN LOUVETIER FRANÇAIS.

PARIS,

Chez {
L'AUTEUR, rue Montabor, n°. 12.
LE NORMANT, Imprimeur-Libraire, rue des Prêtres
Saint-Germain-l'Auxerrois, n°. 17.

1810.

AVERTISSEMENT.

De tous les animaux nuisibles à la société, le loup est le plus dangereux, le plus destructeur de l'Europe ; c'est, pour ainsi dire, une espèce d'anthropophage que nous entretenons parmi nous.

Il n'est pas douteux que sa destruction est de nature à former l'objet d'une mesure générale relative à l'organisation de la louveterie en Europe.

J'ai cru qu'il étoit de mon devoir de faire connoître le résultat de mon expérience et de mes méditations sur cet objet essentiel de notre sûreté publique.

Quel moment plus favorable, plus encourageant pour émettre une idée utile et salutaire d'intérêt public, que celui où la bonté paternelle du *Prince* qui nous gouverne nous porte naturellement à iv

l'éclairer sur le bien qu'il peut faire, non-seulement à ses peuples, mais à l'humanité toute entière.

En effet, que l'Empereur des Français et Roi d'Italie, que le Protecteur de la Germanie et de l'Helvétie, que l'arbitre suprême des destinées du continent; que Napoléon, enfin, dise : Il ne faut plus de loups en Europe, que ces dévorans ennemis de la société soient entièrement détruits ! ils le seront.

Comme la race en a été éteinte (en Angleterre) sous le règne d'Edgar-le-Pacifique, elle le sera sur notre continent sous le règne de Napoléon-le-Grand.

Je ne m'arrêterai pas à parler longuement de mes observations sur le caractère, l'instinct et le moral de cet animal, non plus que sur ses moyens physiques, encore bien que je les doive à l'expérience; mais comme elles s'accordent parfaitement avec ce qu'en ont dit les naturalistes et les encyclopédistes, j'y renvoie les

curieux sur cette matière, pour me sous-
traire aux reproches de compilateur.

Je préviens cependant qu'on y appren-
dra à quels dangers nous exposent les effets de la férocité et de la voracité de cet
animal, encore bien qu'il réunisse la plus
grande lâcheté à la force naturelle dont
il est doué ; mais l'instinct de la ruse
joint à la finesse de son odorat, sont ses
principales facultés; ce sont celles qui lui
servent et à prévenir tout ce qui peut le
contrarier et l'inquiéter, et à satisfaire en
même temps cette insatiabilité dont les
effets et les suites sont incalculables, par
la facilité avec laquelle elle se convertit en
rage.

Je citerai quelques traits résultans de
de sa voracité, d'après lesquels on aura
peine à concevoir comment, au milieu
des connoissances humaines dont l'Europe s'honore, on n'a point encore songé
à organiser les ressources et les moyens
que l'art et la force mettent à notre dis-

position, pour extirper la race de ces monstrueux ennemis de l'humanité.

Comment, d'après la division et sub-division de l'ordre public des différens Etats de l'Europe, on n'a pas saisi l'idée de faire concourir à la destruction géné-rale des loups, le civil avec la force active organisée du service public de la louve-terie, cette partie si importante de la sû-reté intérieure.

Comment, enfin, sommes-nous encore exposés à gémir sur des malheurs aussi notoires que ceux qui ont eu lieu depuis quelque temps en France, presque jus-qu'aux portes de la capitale de l'Empire. Exemples :

DÉPARTEMENT DE L'OISE.

Au mois de juin 1807, une louve a dévoré un enfant, et en a mutilé un autre près de Beauvais.

DÉPARTEMENT D'INDRE ET LOIRE.

Au mois de novembre 1808, un loup a dévoré cinq femmes, dont une mère de sept enfans, dans le canton de Richelieu.

DÉPARTEMENT DU GARD.

En 1809, un autre loup a dévoré plusieurs enfans dans les environs de Nismes.

DÉPARTEMENT DU JURA.

Le 30 décembre dernier, un loup d'une férocité extraordinaire a dévoré une femme, attaqué et blessé plusieurs autres personnes, dans l'arrondissement de Porentruy, etc. etc.

Voilà, ce me semble, un assez grand nombre de victimes pour quatre loups.

Que pouvons-nous citer d'ailleurs de plus monstrueux dans ce genre, pour éveiller la vigilance et frapper fortement l'humanité des Gouvernemens, que cette célèbre et fameuse louve qui a fait assez long-temps la terreur du Gévaudan, et a laissé dans ce pays des souvenirs ineffaçables de sa férocité ?

Après tant d'exemples d'horreurs et de désastres, attendrons-nous, pour prévenir notre ennemi, qu'il nous surprenne encore pour nous détruire ?

Non : nous devons tellement nous pénétrer de la nécessité de considérer la louveterie comme partie essentielle de notre sûreté publique, qu'il ne nous est plus permis de l'abandonner, comme nous l'avons fait jusqu'à ce jour, à l'économie et à la discrétion des louvetiers de bonne volonté.

Nous n'avons pas la liberté de calculer ainsi, quand la vie de nos compatriotes est menacée : peut-être, au moment où nous y pensons, une victime est-elle sacrifiée !

Il est donc temps de fixer l'attention des Gouvernemens de l'Europe sur ces monstres, qui ne cesseront de nous dévorer tant qu'on ne prendra pas le parti d'organiser les moyens propres à en éteindre la race.

Les hommes instruits en matière de louveterie, chasseurs ou autres, et surtout les hommes de bonne foi (comme chasseurs ils sont rares) (*), sont obligés de convenir que les seuls moyens connus et usités jusqu'à présent pour détruire les loups, tels que ceux des piéges ou traquenards, des appâts et des trappes, des battues passagères, des services volontaires et libéraux de quelques chasseurs épars çà et là; que tous ces moyens, dis-je, très-bons en eux-mêmes, mais employés sans organisation ni subordination, ne sont alors que fugitifs; qu'ils suffisent à peine à diminuer le nombre de ces animaux, qui se reproduisent et se multiplient

(*) Personne n'ignore que les *vrais* chasseurs de loups à volonté, ménagent et conservent les louves pour l'entretien de leurs plaisirs.

tellement, que la partie du monde la plus civilisée (l'Europe) en est infestée (*).

Quand je dis infestée, je n'exagère pas; les journaux français viennent de nous en donner la preuve, en publiant tout récemment la destruction d'un nombre incroyable de loups dans un *seul* département de France : c'est au point que si le fait est exact, il faut que les loups soient aussi communs dans ce département que les lapins d'une garenne. Cela seul suffiroit pour confirmer de plus en plus la nécessité impérieuse d'adopter le projet d'organisation que nous devons proposer, et sans lequel on ne parviendroit jamais à l'extinction totale que nous réclamons pour tout le continent européen.

Il est essentiel de faire sentir ici que,

(*) Cela n'est pas étonnant, quand on sait que les portées sont de cinq, sept, et neuf louveteaux ; parmi lesquels nous avons communément trois louves sur cinq, quatre sur sept, et cinq sur neuf.

par l'effet de leur émigration, les loups d'une partie de l'Europe sont ceux de l'autre partie ; c'est une vérité qui ne peut pas être contestée par le louvetier instruit et expérimenté. Il doit être encore d'accord sur ce point avec ce qu'en ont dit les naturalistes et les encyclopédistes, tant sur leur passage des fleuves, que sur la manière dont il s'opère lorsqu'ils. les traversent en troupe pour aller joindre les louves des bois et forêts limitrophes de ces grands fleuves, et qui les attirent mutuellement tant d'une rive que de l'autre, dans les temps de leur accouplement.

D'où il résulte que les loups d'une partie se fixent dans une autre, depuis le Rhin jusqu'au Danube, ou du Danube vers le Rhin ; ainsi de suite.

La destruction générale et totale des loups devient donc commune à tous les Etats de l'Europe ; et c'est pour y parvenir efficacement, que je propose d'organiser les moyens que l'art et la force mettent à notre disposition , tels que ceux que j'ai détaillés plus haut.

Le premier et le principal que l'art indique aux louvetiers, c'est celui de chercher le loup avec le limier, de le suivre à la piste, jusqu'à ce qu'on l'ait rencontré.

Le second moyen, celui de la force active, consiste à l'attaquer (après l'avoir rencontré) avec de bons chiens de race louvetière, à le poursuivre constamment, jusqu'à ce qu'il soit atteint et détruit par tous les moyens propres aux circonstances et aux lieux, etc. etc.

Reste le troisième moyen, celui des instrumens, ustensiles et appâts dont l'usage est indispensable dans les endroits inaccessibles à l'emploi et à l'exercice des autres moyens, comme dans les montagnes, carrières et marais (*).

(*) On voit que dans ce cas, la ressource des battues est nulle et impraticable, ainsi que celle de la chasse ; il ne reste donc que le moyen du limier, et des instrumens, ustensiles et appâts, etc. etc.

Ces trois indications me ramènent naturellement à affirmer de nouveau que, quand on voudra régulariser l'action ou l'emploi des moyens ci-dessus énoncés, faire concourir à leur organisation le civil avec la force active, pour convertir la louveterie en un service public, on parviendra infailliblement à l'extinction totale des loups en Europe, par cette raison que quand une chose possible ne présente que quelques difficultés dans son exécution, l'autorité suffit pour les faire surmonter.

Que ne devons-nous pas encore, sous ce rapport, au Grand Homme que l'Europe admire, pour nous avoir appris à vaincre tous les obstacles qui peuvent contrarier notre gloire, ou s'opposer au bien et à l'avantage public.

A ces fins, et d'après mon expérience en matière de louveterie, je viens proposer, tel que je l'ai conçu, un plan organique du service de la louveterie, fondé xiv

sur des principes constitutifs d'ordre public, qui, par ses divisions et ses subdi-
visions bien dirigées, puisse pénétrer
partout, correspondre et s'étendre jusqu'aux extrémités de notre continent.

Je pose donc en principe :

Que le service de la louveterie est un
service essentiellement public ; que, sous
ce rapport, il a besoin de la coopération
des autorités civiles ; que, sous le rapport
de la force active, comme celui de tout
corps destiné au service de la force publique (tel qu'en France celui de la gen-
darmerie), il exige, par sa nature et par
son importance, la même subordination,
la même vigilance dans l'exécution ; enfin,
la surveillance la plus active et la plus suivie.

Ce n'est, je l'avoue, qu'à l'appui de
ces moyens d'ordre, que j'ai cru devoir
soumettre et à l'opinion générale, et à celle
particulière des Gouvernemens, un travail qui intéresse si vivement l'humanité
toute entière.

Je l'ai converti en un projet ou plan organique et réglémentaire du service public de la louveterie.

J'ose me flatter que s'il éprouve quelques reproches dans sa théorie, il n'en devroit pas être ainsi dans la pratique, ni du côté de la dépense qu'il occasionneroit; telle que je l'ai calculée, elle est dans une trop grande disproportion avec l'importance du sujet. Je maintiens, d'ailleurs, que de l'organisation proposée doit nécessairement s'ensuivre pour la société l'affranchissement du danger auquel elle est journellement exposée; pour les Gouvernemens, la suppression des primes, et par la suite l'extinction définitive de toute charge publique relative à cet objet, par cette raison que l'effet cesse avec la cause.

ORGANISATION GÉNÉRALE

DU

SERVICE PUBLIC DE LA LOUVETERIE,

PAR LA RÉUNION ET LA COOPÉRATION DU CIVIL
AVEC LA FORCE ACTIVE.

———

TITRE PREMIER.

Projet organique et réglémentaire de la force active, avec des notes explicatives sous chaque article.

ARTICLE PREMIER.

JE propose que le point central du service général de la louveterie soit sous la dénomination de grande louveterie, avec un chef ayant le titre de Grand-Louvetier; et un secrétariat général, etc.

2

ART. II.

Que le service actif de la louveterie soit composé,

1°. D'un capitaine (en France) par département ;

> Ailleurs, selon la division des Etats étrangers.

2°. De lieutenans (en France) d'arrondissement ;

> Dans d'autres pays (*idem*).

3°. De louvetiers (en France) de canton.

> Dans d'autres pays (*idem*).

ART. III.

Le Prince nomme le Grand-Louvetier, etc.

ART. IV.

Le ministre chargé de la sûreté intérieure dans les différens Etats de l'Europe, nomme les capitaines, sur la présentation du Grand-Louvetier.

> C'est la conséquence de la réunion du civil à la force active.

ART. V.

Le Grand - Louvetier (et les préfets en France) visent les commissions des capitaines de louveterie.

> Conséquemment au principe susdit.

COOPÉRATION DU CIVIL.

Je place ici mes observations d'ordre public, concernant le civil, elles sont applicables à la division et subdivision des différens États de l'Europe.

(En France) je crois que les capitaines de louveterie, par la nature et l'exercice de leurs fonctions publiques dans les départemens, doivent être désignés par les préfets au Grand - Louvetier, et par le Grand-Louvetier au ministre.

Que la sûreté et le bien du service de chaque département exigent impérieusement qu'il existe de mutuels rapports entre le premier magistrat et le capitaine de louveterie du département.

Que les noms de ces capitaines et celui de leurs résidences soient enregistrés à la préfecture, pour être transmis, par la circulaire du préfet, aux sous-préfets et maires du département, pour qu'ils les inscrivent également sur leurs registres (sur ceux particulièrement des maires des communes rurales), afin que ces derniers adressent directement leurs plaintes au capitaine de louveterie du département, sur les loups qui pourroient les inquiéter.

Ou, dans un cas pressant, au louvetier le plus à portée pour vérifier le fait.

Pourquoi, les noms et demeures, et des lieutenans d'arrondissement, et des louvetiers de canton, également enregistrés à la préfecture, seront de même inscrits dans toutes les sous-préfectures et mairies de leurs arrondissemens et cantons respectifs; pour qu'on puisse les réclamer au besoin, et que les louvetiers de canton, de leur côté, puissent, dans un cas urgent, requérir les hommes nécessaires aux battues, etc. etc.

Les préfets devroient à cet effet autoriser plus particulièrement les maires des communes rurales à désigner et ordonner un certain nombre d'hommes, dans le cas où ils en seroient requis par les louvetiers, tant pour la battue, que pour coopérer avec eux à la destruction des animaux.

Ces maires ruraux devroient de leur côté se faire rendre compte, par leurs gardes champêtres, des connoissances et renseignemens qu'ils seroient obligés de prendre et de recueillir, tant de la part des fermiers et de leurs pasteurs, que de celle des différens particuliers, sur l'apparition d'un loup dans les communes, afin que, dans le cas avenant, les maires puissent (comme nous l'avons déjà dit) en donner avis directement et sans délai aux louvetiers les plus proches.

TITRE II.

Des capitaines de louveterie.

ARTICLE Ier.

Les capitaines de louveterie (en France) devroient être présentés par les préfets au Grand-Louvetier, et par le Grand-Louvetier au ministre.

> Cette forme répond au principe établi pour toute l'organisation de la louveterie.

ART. II.

En conséquence, les préfets adresseroient au Grand-Louvetier une liste de deux à trois candidats au plus par chaque département, avec leurs mémoires respectifs y joints, concernant leur aptitude et moyens propres à remplir la place de capitaine de louveterie du département.

J'ai placé entre le titre 1ᵉʳ et le titre 2ᵉ du projet réglémentaire, les observations d'ordre public relatives à cet article.

ART. III.

Le Ministre en choisiroit un parmi ces candidats, pour remplir la place de capitaine de louveterie du département, lui faire expédier à cet effet, et en cette qualité, sa nomination pour être visée de suite, et par le Grand-Louvetier, et par les préfets.

Cet article répond aux art. 4 et 5 du tit. 1ᵉʳ.

ART. IV.

Chercher un loup, le suivre à la piste, le rencontrer, l'attaquer, le poursuivre constamment jusqu'à ce qu'il soit atteint et détruit par tous les moyens propres à cet effet, et praticables selon les temps et les lieux : tels sont, je crois, les principes élémentaires, et du service de la louveterie, et des devoirs des louvetiers.

On sent que ces principes sont de nature à former la base de l'organisation d'un service public.

ART. V.

Les capitaines de louveterie devroient être absolument soumis à la surveillance directe du Grand-Louvetier, et correspondre seuls avec la grande louveterie, comme point central de toute l'organisation du service.

> Les capitaines étant chefs de la louveterie du département, sont seuls responsables du service envers le grand louvetier.

ART. VI.

Ils devroient se pourvoir de limiers et de bons valets de limiers, afin de s'assurer, par l'exactitude et l'activité de leur travail, du nombre de loups qui font leur demeure dans leurs départemens respectifs, ou qui les fréquentent.

> Cet article essentiel et important est l'ame du service.

ART. VII.

Ils devroient être obligés de tenir un état exact des découvertes et renseignemens tant de leurs valets de limier, que de ceux qu'ils acquièrent par le travail de leurs louvetiers de canton, etc.... afin de se mettre en état de transmettre à la grande louveterie l'aperçu général des loups existans dans chaque département.

Ces différens aperçus de département sont indispensables pour obtenir l'énumération générale des loups existans dans toutes les parties d'un Empire.

ART. VIII.

Ils seroient obligés de rendre sur ce point essentiel du service (chacun en ce qui le concerne). un compte très-positif et très-véridique, chaque mois, au Grand-Louvetier.

Sans ce compte fréquent, il seroit impossible au Grand-Louvetier d'entretenir la surveillance active et suivie qu'exige le service général de la louveterie.

ART. IX.

Il n'y a point de doute que les capitaines de louveterie, dans leurs rapports au Grand-Louvetier, devroient désigner non-seulement le nombre de loups reconnus dans leurs départemens, mais aussi les lieux occupés par ces différens genres d'animaux , soit loup ou louve .

Cette désignation est essentielle et pour la sûreté du service et pour connoître l'espèce différente d'animaux résidans dans les départemens, *principalement les louves.*

ART. X.

Ils devroient nominativement spécifier, dans les rapports, les cantons des différentes demeures des animaux, de manière à pouvoir (autant que possible) être constatés et vérifiés sur les cartes de la grande louveterie.

> La grande louveterie devroit être pourvue des cartes géométriques de chaque département, pour recenser et faire l'application des localités y désignées dans les rapports.

ART. XI.

Il m'a semblé que le Grand-Louvetier devroit enfin, par la fidélité des rapports des capitaines de louveterie, avoir la faculté d'apprécier et de juger leurs opérations subséquentes.

> C'est en effet dans la fidélité de ces rapports et dans le résultat des opérations subséquentes, que le Grand-Louvetier doit trouver la preuve incontestable de l'exactitude et de la vigilance dans le service général de la louveterie.

ART. XII.

Il est très-certain que le Grand-Louvetier doit diriger (s'il y a lieu) par ses instructions et ses lumières particulières, la marche des opérations de louveterie d'après les rapports susdits, et doit faire à son gré les tournées nécessaires dans les différens départemens où il juge sa présence utile au bien du service.

> Le service de la louveterie est de nature à être absolument dirigé et surveillé *par un chef instruit dans cette matiere.*

ART. XIII.

Comme la destruction générale des loups dépend uniquement de l'exécution stricte et rigoureuse des articles 4, 5, 6, 7, 8, 9, 10, 11 et 12 du règlement, titre 2; chacun devroit s'en bien pénétrer, pour remplir exactement les obligations qu'ils imposent.

> Il est évident que tout ce qui tient à un service public exige cette attention scrupuleuse.

ART. XIV.

Je crois que le Grand-Louvetier devroit rendre public l'état approximatif, par département, de la quantité de loups existans dans l'Empire.

> C'est la conséquence naturelle comme le but de l'organisation du service général de la louveterie.

ART. XV.

Qu'il devroit être dressé chaque année un état exact de la destruction des loups, par ordre départemental, lequel seroit également rendu public, attesté et signé par le Grand-Louvetier.

> Cet état prouvera définitivement [les avantages que l'on a droit d'attendre de l'organisation générale du service de la louveterie.

ART. XVI.

Le Grand-Louvetier devroit désigner spécialement et nominativement, à la suite de l'état indiqué ci-dessus, les capitaines de louveterie qui se seroient dévoués au bien et à l'utilité publique du service de la grande louveterie.

> Cette mention appartient à tous les hommes qui ont acquis des droits à la reconnoissance publique.

ART. XVII.

Il n'y a pas de doute que les capitaines de louveterie doivent faire décapiter tous les loups tués ou détruits, dans le courant de

l'année , dans leurs départemens respectifs.

C'est un usage indispensable et reçu dans la louveterie.

ART. XVIII.

Chaque tête de loup baillonnée et séchée, pour être conservée, seroit déposée provisoirement chez le capitaine de louveterie du département, pour être transmises collectivement chaque année à la grande louveterie.

Cette précaution doit être de rigueur, pour justifier complétement le résultat du service général de la louveterie.

ART. XIX.

Cette collection seroit divisée par ordre départemental à la grande louveterie, avec le nom du département, et celui du capitaine en tête de chaque chantier.

Il seroit nécessaire à cet effet que la grande louveterie eût à sa disposition un local assez étendu pour y établir 115 chantiers. Je donnerai , à la suite de ce règlement, un projet d'établissement relatif à ce local.

ART. XX.

Je crois que les capitaines de louveterie

devroient, de temps à autre, correspondre entr'eux pour tout ce qui a rapport aux renseignemens et connoissances qu'ils peuvent réciproquement se procurer d'un département à l'autre : ils entretiendroient ainsi la bonne intelligence pour agir de concert et s'entr'aider, si besoin étoit, pour l'avantage du service.

> L'amour du bien doit maintenir l'union, surtout parmi les hommes chargés des mêmes fonctions publiques.

ART. XXI.

J'ai pensé aussi que les chefs de louveterie des différens Etats de l'Europe, devroient pareillement entretenir une correspondance mutuelle, de temps à autre, afin de se communiquer leurs idées en matière de louveterie, et s'instruire réciproquement des progrès et résultats de l'organisation générale et continentale du service de la louveterie.

> La correspondance est toujours bonne à entretenir pour l'encouragement des entreprises du même genre, et pour perfectionner les établissemens.

ART. XXII.

Je crois que les capitaines de louveterie
devroient être conservateurs généraux des
chasses des forêts et bois impériaux de
leur département (excepté de ceux réservés
par le Souverain). qu'ils devroient être pourvus à cet effet de brevets particuliers de la
grande venerie , visés , si on le juge à pro-
pos, par le conservateur forestier.

> Cette condition me paroît indispensable et
> essentielle pour l'avantage général de la vene-
> rie (surtout en France), où l'on a besoin de
> rétablir des veneurs et de former de bons valets
> de limier et des limiers. Ces deux derniers
> objets sont la base principale du service.

ART. XXIII.

Je pense aussi que les capitaines de louveterie devroient avoir la liberté d'élever
et d'entretenir dans leurs conservations quelques animaux nécessaires à l'exercice de leurs
équipages, tel que le fauve , etc. , et de con-
férer, s'ils le veulent, quelques conservations de chasse d'arrondissement à leurs lieutenans.

> Les chasses n'étant nullement nuisibles à

l'intérêt du service forestier, il est naturel que les capitaines de louveterie (si leur fortune le leur permet) puissent se dédommager du fatigant service de la Louveterie par un exercice de chasse agréable.

ART. XXIV.

Il me semble qu'ils pourroient avoir la faculté de faire garder, comme de disposer exclusivement du petit gibier, parce qu'il leur seroit expressément enjoint, ainsi qu'à leurs lieutenans d'arrondissement, de tenir strictement la main à la destruction totale du lapin dans lesdits bois et forêts.

Le lapin ronge et détruit les pousses ; il est en cela contraire à la prospérité des bois. Sa destruction doit être surveillée par l'administration forestière.

ART. XXV.

Les capitaines de louveterie pourroient avoir des équipages aussi nombreux qu'il leur conviendroit ; mais je crois que le nombre de chiens destinés au service exclusif de la louveterie, devroit être fixé à dix (dont deux lices).

La chasse du loup est autre chose qu'une chasse de plaisir, c'est un service public.

ART. XXVI.

Il n'y a pas de doute que ces dix chiens devroient particulièrement être de race louvetière : cette race seroit désignée par le Grand-Louvetier, qui en encourageroit la propagation, et la maintiendroit partout où besoin seroit, pour le plus grand avantage du service de la louveterie.

> Il n'y a qu'une espèce de chiens propres au travail et à la fatigue du service de la louveterie.

ART. XXVII.

J'estime que les capitaines de louveterie devroient avoir chacun 3,000 fr. d'appointemens imposés en sous additionnels, et payables par trimestre dans leurs départemens respectifs, ce qui compose (pour l'Empire français) cent quinze capitaines à 3,000 fr., un total, pour cette partie, de 345,000 fr.

> Il n'y a pas lieu de penser que cette charge soit très-marquante dans la répartition générale de chaque département.

TITRE III.

Des Lieutenans d'arrondissement.

ART. Ier.

Il pourroit y avoir des lieutenans de louveterie d'arrondissement sans appointemens.

Ils sont officiers de louveterie surnumé-
raires.

ART. II.

Les capitaines de louveterie de chaque
département pourroient (selon qu'ils le ju-
geroient convenable et nécessaire au service
ou à l'étendue de leur département) proposer et désigner aux préfets un ou deux lieutenans d'arrondissement.

Ces lieutenans d'arrondissement, indiqués
par les capitaines à l'agrément des préfets,
pourroient obtenir par le Grand-Louvetier la
nomination du ministre.

ART. III.

Les lieutenans d'arrondissement seroient
soumis à la surveillance directe et absolue du
capitaine de louveterie du département.

Ils doivent leur être entièrement subordonnés.

3

ART. IV.

Ils correspondroient avec le capitaine de louveterie pour tout ce qui a rapport au service : les capitaines seuls correspondent avec le Grand-Louvetier.

C'est la conséquence de l'organisation générale et graduelle.

ART. V.

Les lieutenans d'arrondissement doivent être tenus d'avoir dans leurs équipages quelques chiens de race louvetière, des limiers et valets de limier, propres au service de la louveterie.

Cette obligation est essentielle et de rigueur.

ART. VI.

Ils se conduiroient en tout, d'après les principes élémentaires du service de la louveterie et des devoirs des louvetiers, portés à l'article 4 du règlement, titre 2.

Ils renferment tout le service de la louveterie.

ART. VII.

Comme les capitaines sont seuls responsables du service de la louveterie du département, ils doivent diriger à leur gré la marche et les opérations de leurs lieutenans d'arrondissement, et leur transmettre les ordres qu'ils jugent convenables pour le service.

> Point de service sans subordination graduelle. Les lieutenans sont donc aux capitaines ce que les capitaines sont au Grand-Louvetier.

ART. VIII.

Les lieutenans de louveterie d'arrondissement devroient être expressément tenus de rendre un compte exact au capitaine de leur département, des connoissances et découvertes qu'ils acquièrent par le travail de leurs valets de limier, sur la présence et les habitudes des loups dans leurs arrondissemens respectifs, ainsi que de leurs opérations subséquentes.

> Les lieutenans de louveterie remplissent envers les capitaines les mêmes obligations que les capitaines ont à remplir envers le Grand-Louvetier.

TITRE IV.

Des Louvetiers de canton.

ART. Ier.

Je crois qu'il est indispensable qu'il y ait des louvetiers de canton dans chaque département.

> Ces louvetiers sont destinés dans l'organisation à rendre de très-importans services à la louveterie.

ART. II.

Ils doivent être nommés et présentés à l'agrément des préfets par les capitaines, avant d'être pourvus par le Grand - Louvetier.

> Cet article se rapporte toujours au même motif, celui de faire coopérer le civil avec la force active du service public de la louveterie.

ART. III.

Le nombre de ces louvetiers de canton seroit proportionné au besoin et à l'étendue du département.

> Et à la difficulté des lieux.

ART. IV.

On en choisiroit de préférence , et s'il y avoit lieu , parmi les gardes des cantons forestiers , moyennant l'agrément de l'administration forestière.

> Ce moyen seroit plus économique pour le service de louveterie dans les forêts et bois impériaux.

ART. V.

Dans le cas où leur service forestier s'y opposeroit , les capitaines de louveterie proposeroient et désigneroient alors , à l'agrément des préfets , des sujets *ad hoc*, dont le goût et la capacité paroîtroient le plus propres au service auquel ils sont destinés.

> Les louvetiers de canton des pays montagneux et marécageux demanderoient dans le choix une attention plus particulière.

ART. VI.

Ces louvetiers de canton seroient valets de limier de la louveterie impériale et royale; ils entretiendroient à cet effet deux chiens de race louvetière (dont une lice) destinés exclusivement au service de limier.

> Je ne puis trop le répéter, le service de ces

valets de limier auxiliaires seroit d'un prix
infini pour la louveterie , et peut-être par la
suite seroient-ils utiles à la venerie en général.

ART. VII.

Les louvetiers de canton étant institués
pour pénétrer partout où les coursiers ne
pourroient aborder , ils seroient munis de
piéges, traquenards et autres objets de l'art,
propres à la destruction des loups.

On sent toute l'importance de cette insti-
tution de louvetiers, dans l'organisation; c'est,
pour ainsi dire, une troupe légère ; ce sont
les éclaireurs de la louveterie; ils seroient pré-
cieux pour le service des montagnes et des
marais, où les battues sont nulles et imprati-
cables.

ART. VIII.

Ils recevroient de la grande louveterie
impériale des instructions générales tant sur
l'usage et la nature des appâts, que sur celui
des ustensiles et instrumens nécessaires à leur
service, qu'ils seroient dans le cas d'employer selon les temps et les lieux : tous ces
objets seroient empreints du cachet de la
louveterie.

Ils recevroient les instructions relatives à la

construction des machines et ustensiles, etc. etc.
par le canal des capitaines de louveterie.

ART. IX.

Les louvetiers de canton pourroient dans un cas urgent (tel que celui où dans des lieux *accessibles* aux batteurs, ils viendroient à rembucher un loup) recourir à la voie des battues, en réunissant, avec l'agrément et l'appui des maires des communes, y autorisés par les préfets, les batteurs et les personnes capables de coopérer avec eux à la destruction des animaux.

> Cette faculté doit leur être accordée pour les circonstances *pressantes*, surtout dans les *pays plats*. J'observe ici que l'usage des battues, comme l'avantage qu'on en peut retirer, sont très-subordonnés à la disposition des lieux.

ART. X.

Ils seroient tenus, soit qu'ils réussissent, ou qu'ils ne réussissent pas dans leurs entreprises, de rendre un compte exact et fréquent de leurs découvertes, travaux et opérations subséquentes, au capitaine de louveterie, auquel ils sont entièrement et uniquement subordonnés.

> Ces louvetiers sont dans la dépendance directe et absolue du capitaine, à qui seul appar-

tient la surveillance générale de tout le service
du département.

ART. XI.

J'estime que les louvetiers de canton pris
parmi les gardes forestiers, pourroient avoir
300 fr. d'appointemens, et les autres louvetiers *ad hoc* 720 fr. (à cause de l'entretien
des deux limiers, estimé 120 fr.) imposés
en sous additionnels, et payables par trimestre dans leurs départemens.

On ne peut pas faire l'évaluation juste de la
dépense des louvetiers de canton, sans savoir
ce qu'il y en aura, à 300 ou à 720 fr. de gages.
S'ils étoient tous *ad hoc*, dans la supputation
de deux par département, cela composeroit
230 louvetiers à 720 fr. ; ce qui porteroit le
maximum de cette dépense à 165,600 francs.
J'observe cependant qu'on ne peut pas limiter
le nombre des louvetiers de canton. Leur
évaluation ici n'est donc qu'approximative, en
ce que la répartition n'en pourroit pas être
égale partout. Les départemens montagueux,
tels que le Cantal, le Doubs, le Jura, etc. etc.
exigeroient un plus grand nombre de louvetiers
de canton *ad hoc*, que les départemens de la
Somme, la Seine, Seine et Oise, Seine et
Marne, etc.; dans lesquels il suffiroit d'employer quelques gardes forestiers.

Dépense générale à répartir en France sur tous les départemens.

115 capitaines à 3,000 fr. .   345,000 fr.
230 louvetiers à   720 fr. .   165,600 fr.
                               ____
Total . . . . .   510,600 fr.

J'ose espérer que cette dépense, telle que je l'ai calculée, ne paroîtra pas disproportionnée à l'importance du sujet, et qu'elle sera trouvée aussi convenable à l'intérêt général qu'à l'intérêt particulier des hommes employés au service de la louveterie.

LE TRAITEMENT DU GRAND-LOUVETIER APPARTIENT A LA MUNIFICENCE DES GOUVERNEMENS, AINSI QUE LA DÉPENSE DE SON SECRÉTARIAT.

La franchise de la correspondance seroit distinguée par le cachet de la louveterie impériale.

Projet d'établissement utile au service et de la louveterie et du vautrait (la chasse du sanglier), il peut convenir à tous les Princes étrangers.

Pour favoriser les avantages de l'organisation du service de la louveterie, il seroit

nécessaire de former un établissement qui seroit plus utile que dispendieux , sous la dénomination *d'école de venerie ou de louveterie.*

Cet établissement seroit placé dans les réserves du Prince, près d'une enceinte de bois
enclose de murs, tel que (en France) le
bois de Vincennes, ou autres d'une étendue
propre à contenir quelques animaux pour
l'instruction et l'exercice des louvetiers, valets de limier , et des limiers.

On pourroit y établir les 115 chantiers
mentionnés à l'article 19 du titre 2 du projet
réglémentaire.

Cet établissement serviroit en outre à
un autre objet très - important, celui d'y
faire des élèves de chiens de race louvetière,
et d'y conserver et entretenir dans toute sa
pureté cette race particulière destinée au service général de la louveterie.

Il pourroit , sous un autre rapport d'économie , réunir le double avantage de pouvoir employer *une partie* de ces mêmes chiens
au service du vautrait du prince (la chasse
du sanglier); ce service n'est pas incompa-
tible avec celui de la louveterie.

Cette école dirigée et surveillée par le

Grand-Louvetier seroit sous le commande-
ment du capitaine de louveterie des réserves
du Prince, et d'un officier de louveterie sur-
numéraire.

Ce projet d'établissement seroit l'objet d'un
travail particulier, s'il étoit adopté.

Je fournirois volontiers l'état de dépense,
tant celui de la formation de l'établissement
de l'école, que celui de son entretien s'il
m'étoit demandé.

J'ose assurer d'avance que l'économie
seroit calculée de manière à favoriser son
utilité.

FIN.